Preeti Rathi

Estrutura de dados avançada

Preeti Rathi

Estrutura de dados avançada

ScienciaScripts

Imprint
Any brand names and product names mentioned in this book are subject to trademark, brand or patent protection and are trademarks or registered trademarks of their respective holders. The use of brand names, product names, common names, trade names, product descriptions etc. even without a particular marking in this work is in no way to be construed to mean that such names may be regarded as unrestricted in respect of trademark and brand protection legislation and could thus be used by anyone.

Cover image: www.ingimage.com

This book is a translation from the original published under ISBN 978-620-7-81107-6.

Publisher:
Sciencia Scripts
is a trademark of
Dodo Books Indian Ocean Ltd. and OmniScriptum S.R.L publishing group

120 High Road, East Finchley, London, N2 9ED, United Kingdom
Str. Armeneasca 28/1, office 1, Chisinau MD-2012, Republic of Moldova, Europe
Managing Directors: Ieva Konstantinova, Victoria Ursu
info@omniscriptum.com

Printed at: see last page
ISBN: 978-620-8-53118-8

Conteúdo

Capítulo: 1 Árvores

1.1Introdução às árvores

Uma **árvore** é um tipo de dados abstrato muito utilizado que simula uma estrutura hierárquica em árvore com um conjunto de nós ligados. Uma árvore é uma estrutura de dados não linear que representa relações hierárquicas entre elementos individuais ou nós. É composta por nós ligados por arestas.

Terminologia chave

1. **Nó**: Uma parte fundamental de uma árvore que contém dados e pode ter uma ligação a outro nó.
2. **Raiz**: O nó superior de uma árvore, sem pai.
3. **Borda**: Uma ligação entre dois nós.
4. **Filho**: Um nó que tem um nó pai acima dele.
5. **Pai**: Um nó que tem uma aresta que aponta para um ou mais nós filhos.
6. **Folha**: Um nó que não tem filhos.
7. **Subárvore**: Uma árvore constituída por um nó e todos os seus descendentes.
8. **Profundidade**: O comprimento do caminho desde a raiz até um nó.
9. **Altura**: O comprimento do caminho de um nó até a folha mais profunda.

Propriedades das árvores

1. **Acíclicas**: As árvores não contêm ciclos.
2. **Ligado**: Existe um único caminho entre quaisquer dois nós.
3. **Hierárquica**: As árvores representam estruturas de dados hierárquicas com relações de raiz e filho.

Tipos de árvores

1. **Árvore binária**: Cada nó tem no máximo dois filhos, frequentemente designados por filho esquerdo e filho direito.
2. **Árvore de pesquisa binária (BST)**: Uma árvore binária em que cada nó segue a

propriedade: os nós da subárvore esquerda são menores que o nó e os nós da subárvore direita são maiores que o nó.

3. **Árvore equilibrada**: Uma árvore em que a diferença de altura entre as subárvores esquerda e direita de qualquer nó é mínima, por exemplo, Árvore AVL, Árvore Vermelho-Preto.
4. **Árvore Binária Completa**: Todos os níveis estão completamente preenchidos, exceto possivelmente o último, que está preenchido da esquerda para a direita.
5. **Árvore binária completa**: Todos os nós, exceto as folhas, têm dois filhos.
6. **Árvore N-ária**: Uma árvore em que cada nó pode ter no máximo N filhos.
7. **Trie**: Um tipo especial de árvore N-ária utilizada para armazenar estruturas de dados associativas.

Travessias de árvores

1. **Travessia em ordem**: Visitar a subárvore esquerda, o nó raiz e a subárvore direita.
   - Para BST, resulta numa ordem ordenada dos elementos.
2. **Pré-ordem de travessia**: Visitar o nó raiz, a subárvore esquerda e a subárvore direita.
3. **Travessia pós-ordem**: Visitar a subárvore esquerda, a subárvore direita e o nó raiz.
4. **Travessia por ordem de nível**: Visita os nós nível por nível a partir da raiz.

Operações comuns

1. **Inserção**: Adição de um nó à árvore na posição correta.
2. **Eliminação**: Remoção de um nó e reorganização da estrutura da árvore.
3. **Procurar**: Encontrar um nó na árvore.
4. **Atravessar**: Visita a todos os nós numa ordem específica.
5. **Encontrar Mín/Máx**: Determinar o valor mínimo/máximo na árvore (comum em BST).

Aplicações das árvores

1. **Representação hierárquica de dados**: Sistemas de ficheiros, estruturas organizacionais.
2. **Bases de dados**: Árvores B e árvores B+ para indexação.

3. **Compiladores**: Árvores sintácticas abstractas (AST) para análise sintáctica.
4. **Encaminhamento de redes**: Árvores de varrimento mínimo.
5. **Inteligência artificial**: Árvores de decisão e árvores de jogo.

Exemplo: Árvore de Pesquisa Binária (BST)

Definição: Uma árvore de pesquisa binária é uma árvore binária em que cada nó tem uma chave comparável (e um valor associado) e satisfaz a propriedade de que a chave em qualquer nó é maior do que as chaves em todos os nós na subárvore esquerda desse nó e menor do que as chaves em todos os nós na subárvore direita desse nó.

Operações:

- **Inserção**:

o Começar pela raiz.

o Comparar a chave com a raiz.

o Inserir recursivamente a chave na subárvore esquerda, se for mais pequena, ou na subárvore direita, se for maior.

- **Supressão**:

o Se o nó a ser eliminado for uma folha, basta removê-lo.

o Se o nó a ser eliminado tiver um filho, remova o nó e ligue o filho ao pai do nó.

o Se o nó a ser eliminado tiver dois filhos, encontre o sucessor em ordem (menor na subárvore direita) ou o predecessor em ordem (maior na subárvore esquerda), substitua a chave do nó por ela e elimine o sucessor ou predecessor em ordem.

- **Procurar**:

o Começar na raiz e procurar recursivamente na subárvore esquerda ou direita, dependendo se a chave é menor ou maior do que a chave do nó atual.

As árvores são uma estrutura de dados essencial na ciência da computação, fornecendo uma forma hierárquica de armazenar e manipular dados. A compreensão das suas propriedades, tipos e operações é crucial para muitas aplicações no desenvolvimento de software e algoritmos.

1.2 Árvores binárias

Uma **árvore binária** é uma estrutura de dados em árvore em que cada nó tem, no máximo, dois filhos, designados por filho esquerdo e filho direito. As árvores binárias são fundamentais na ciência dos computadores devido às suas capacidades eficientes de pesquisa e ordenação.

Propriedades principais

1. **Cada nó tem no máximo dois filhos**: Este facto torna as árvores binárias mais simples do que as árvores gerais e úteis para vários algoritmos.

2. **A profundidade de uma árvore binária**: A distância máxima entre o nó raiz e qualquer nó folha.

3. **A altura de uma árvore binária**: Semelhante à profundidade, mas muitas vezes referida como o número de arestas no caminho mais longo de um nó para uma folha.

Tipos de árvores binárias

1. **Árvore binária completa**

o Todos os nós, exceto as folhas, têm dois filhos.

o Exemplo: Uma árvore em que cada nó tem 0 ou 2 filhos.

2. **Árvore binária completa**

o Todos os níveis estão completamente preenchidos, exceto possivelmente o último nível, que está preenchido da esquerda para a direita.

o Exemplo: Uma árvore em que os nós são preenchidos da esquerda para a direita sem intervalos.

3. **Árvore binária perfeita**

o Todos os nós internos têm dois filhos e todas as folhas estão ao mesmo nível.

o Exemplo: Uma árvore em que cada nó interno tem exatamente dois filhos e todas as folhas têm a mesma profundidade.

4. **Árvore binária equilibrada**

- A altura da árvore é mantida tão baixa quanto possível.

- Exemplo: Árvore AVL, Árvore vermelho-preto.

5. **Árvore Degenerada (ou Patológica)**

- Cada nó pai tem apenas um filho.

- Exemplo: Uma árvore que se assemelha a uma lista ligada.

Travessia de árvore binária

1. **Percurso por ordem (esquerda, raiz, direita)**

- Ordem de travessia: Subárvore esquerda, nó raiz, subárvore direita.

- Utilizado em árvores de pesquisa binárias para obter a ordem ordenada dos elementos.

```
def in_order_traversal(root):

se raiz:

in_order_traversal(root.left)

print(root.data)

in_order_traversal(root.right)
```

2. **Pré-ordem de travessia (raiz, esquerda, direita)**

- Ordem de travessia: Nó raiz, subárvore esquerda, subárvore direita.

- Utilizado para criar uma cópia da árvore.

```
def pre_order_traversal(root):

se raiz:

print(root.data)

pre_order_traversal(root.left)

pre_order_traversal(root.right)
```

3. **Passagem pós-ordem (esquerda, direita, raiz)**

- Ordem de travessia: Subárvore esquerda, subárvore direita, nó raiz.

- Utilizado para eliminar a árvore.

```
def post_order_traversal(root):
se raiz:
post_order_traversal(root.left)
post_order_traversal(root.right)
print(root.data)
```

4. **Passagem de nível (Breadth-First)**

○ Ordem de travessia: Nível por nível, de cima para baixo.

○ Utiliza uma fila para percorrer a árvore nível a nível.

```
from colecções import deque
def level_order_traversal(root):
se não for root:
retorno
queue = deque([root])
enquanto a fila:
nó = fila.popleft()
print(nó.dados)
se nó.esquerda:
queue.append(node.left)
se nó.direito:
queue.append(node.right)
```

Operações comuns em árvores binárias

1. **Inserção**

○ Para inserir um nó numa árvore binária, normalmente é feito na primeira posição vaga na ordem de nível.

○ Garante que a árvore continua a ser uma árvore binária completa.

2. **Eliminação**

o A eliminação numa árvore binária é feita substituindo o nó a ser eliminado pelo nó mais profundo à direita.

o O nó mais profundo à direita é então removido.

3. **Pesquisar**

o A procura de um nó implica percorrer a árvore.

o Nas árvores de pesquisa binárias, é eficiente devido à estrutura ordenada.

4. **Travessia**

o Atravessar a árvore envolve visitar todos os nós numa ordem específica (como mencionado nos métodos de travessia).

5. **Encontrar a altura**

o A altura de uma árvore binária é o comprimento do caminho mais longo desde a raiz até uma folha.

```
def height(root):
se não for root:
retorno 0
altura_esquerda = altura(raiz.esquerda)
altura_direita = altura(raiz.direita)
return max(altura_esquerda, altura_direita) + 1
```

6. **Encontrar o tamanho**

o O tamanho de uma árvore binária é o número total de nós na árvore.

```
def size(root):
se não for root:
retorno 0
return size(root.left) + size(root.right) + 1
```

Exemplo: Árvore de Pesquisa Binária (BST)

Definição: Uma árvore de pesquisa binária é uma árvore binária em que cada nó tem uma chave, e a subárvore esquerda de um nó contém apenas nós com chaves inferiores à chave do nó, enquanto a subárvore direita contém apenas nós com chaves superiores à chave do nó.

Operações:

- **Inserção**: Inserir o novo nó na posição apropriada para manter a propriedade BST.
- **Eliminação**: Ajustar a árvore para manter a propriedade BST depois de remover um nó.
- **Pesquisa**: Encontrar um nó de forma eficiente percorrendo a árvore com base em

comparações.

```
classe Nó:
def __init__(self, key):
self.left = Nenhum
self.right = Nenhum
self.val = chave
def insert(root, key):
se a raiz for Nenhum:
return Nó(chave)
e mais:
se root.val < key:
root.right = insert(root.right, key)
e mais:
root.left = insert(root.left, key)
regressar à raiz
def search(root, key):
se root for Nenhum ou root.val == chave:
regressar à raiz
```

```
se root.val < key:
return search(raiz.direita, chave)
return search(root.left, key)
```

As árvores binárias são uma estrutura de dados versátil e fundamental na informática. Oferecem meios eficientes de armazenar e manipular dados hierárquicos. A compreensão das propriedades, tipos e operações das árvores binárias é essencial para a resolução de muitos problemas computacionais.

1.3 Técnicas de travessia de árvores

A travessia de árvores refere-se ao processo de visitar todos os nós de uma estrutura de dados em árvore de uma forma sistemática. Existem vários métodos para percorrer uma árvore, cada um com diferentes objectivos. As principais técnicas de travessia de árvores são:

1. **Passagem em profundidade (DFT)** ○ Passagem pré-ordem ○ Passagem dentro da ordem ○ Passagem pós-ordem
2. **Breadth-First Traversal (BFT)** ○ Level-order Traversal

Passagem em profundidade (DFT)

Na deep-first traversal, exploramos um ramo o mais longe possível antes de voltar atrás. Existem três tipos comuns de DFT:

1. **Pré-ordem de travessia (raiz, esquerda, direita)**

Na travessia pré-ordenada, os nós são visitados recursivamente pela seguinte ordem: nó raiz, subárvore esquerda, subárvore direita.

Algoritmo:

1. Visite o nó raiz.
2. Percorrer a subárvore esquerda em pré-ordem.
3. Percorrer a subárvore direita por ordem prévia.

Implementação (Python):

```
def pre_order_traversal(root):
```

```
se raiz:
print(root.data, end=' ')
pre_order_traversal(root.left)
pre_order_traversal(root.right)
```

2. **Percurso por ordem (esquerda, raiz, direita)**

Na travessia por ordem, os nós são visitados recursivamente por esta ordem: subárvore esquerda, nó raiz, subárvore direita. Esta travessia é particularmente útil para árvores de pesquisa binárias, uma vez que devolve os nós por ordem não decrescente.

Algoritmo:

1. Percorrer a subárvore esquerda por ordem.
2. Visite o nó raiz.
3. Percorrer a subárvore direita por ordem.

Implementação (Python):

```
def in_order_traversal(root):
se raiz:
in_order_traversal(root.left)
print(root.data, end=' ')
in_order_traversal(root.right)
```

3. **Passagem pós-ordem (esquerda, direita, raiz)**

Na travessia pós-ordem, os nós são visitados recursivamente nesta ordem: subárvore esquerda, subárvore direita, nó raiz. Esta travessia é útil para eliminar ou libertar nós numa árvore.

Algoritmo:

1. Percorre a subárvore esquerda em pós-ordem.
2. Percorre a subárvore direita em ordem posterior.
3. Visite o nó raiz.

Implementação (Python):

```
def post_order_traversal(root):
se raiz:
post_order_traversal(root.left)
post_order_traversal(root.right)
print(root.data, end=' ')
```

Travessia de largura de banda (BFT)

Na travessia "breadth-first", visitamos todos os nós em cada nível antes de passarmos ao nível seguinte.

O tipo comum de BFT é:

1. **Passagem de nível**

Na travessia por ordem de nível, os nós são visitados nível a nível, da esquerda para a direita. Esta travessia utiliza uma estrutura de dados em fila para manter o registo dos nós em cada nível.

Algoritmo:

1. Colocar o nó de raiz em fila de espera.

2. Enquanto a fila de espera não estiver vazia:

- Retira um nó da fila de espera.
- Visitar o nó retirado da fila.
- Coloca na fila o filho esquerdo do nó retirado da fila (se existir).
- Coloca na fila o filho direito do nó retirado da fila (se existir).

```
from colecções import deque
def level_order_traversal(root):
se não for root:
retorno
queue = deque([root])
```

enquanto a fila:

nó = fila.popleft()

print(node.data, end=' ')

se nó.esquerda:

queue.append(node.left)

se nó.direito:

queue.append(node.right)

Exemplos

Dada uma árvore binária:

1

/\

2 3

/\ \

4 5 6

1. **Pré-encomenda de Traversal**:

o Saída: 1 2 4 5 3 6

Passos:

- o Visita 1, depois vai para a subárvore esquerda.
- o Visitar 2, depois ir para a subárvore esquerda.
- o Visitar 4 (folha),ir voltar a 2, visitar a subárvore.
- o Visita 5 (folha),ir voltar a 1, visitar a subárvore.
- o Visita 3, depois visita a sub-árvore direita.
- o Visita 6 (folha).

2. **Travessia por ordem**:

o Saída: 4 2 5 1 3 6

Passos:

- Ir para o nó mais à esquerda 4, visitar 4, voltar a 2.
- Visita 2, depois visita a subárvore direita.
- Visitar 5, voltar a 1.
- Visita 1, ir para a subárvore direita.
- Visita 3, depois visita a sub-árvore direita.
- Visita 6.

3. **Travessia pós-ordem**:

- Saída: 4 5 2 6 3 1

Passos:

- Ir para o nó mais à esquerda 4, visitar 4, voltar a 2.
- Visitar a sub-árvore direita 5, visitar 5, voltar a 2, visitar 2, voltar a 1.
- Visitar a subárvore direita, visitar 3, depois visitar a subárvore direita.
- Visita 6, visita 3 e depois visita 1.

4. **Passagem de nível**:

- Saída: 1 2 3 4 5 6

Passos:

- Visitar a raiz 1, enfileirar 2, 3.
- Visita 2, fila de espera 4, 5.
- Visita 3, fila 6.
- Visita 4, 5, 6.

As técnicas de passagem de árvore são cruciais para manipular e aceder a dados numa estrutura em árvore. As travessias em profundidade e em largura servem diferentes objectivos e têm vantagens únicas consoante a aplicação. A compreensão destes métodos de travessia permite a conceção de algoritmos eficientes e a resolução de problemas em informática.

1.4Árvores equilibradas (Árvores AVL, Árvores vermelho-preto)

As árvores equilibradas são árvores de pesquisa binárias (BSTs) que mantêm uma condição de equilíbrio específica para garantir que a árvore permaneça aproximadamente equilibrada em todos os momentos. Esta condição de equilíbrio garante que a altura da árvore permanece logarítmica em relação ao número de nós, proporcionando um desempenho eficiente para operações como inserção, eliminação e pesquisa.

Dois tipos comuns de árvores equilibradas são as **árvores AVL** e **as árvores vermelho-preto**.

Árvores AVL

Uma **árvore AVL** é uma árvore de pesquisa binária auto-equilibrada que recebeu o nome dos seus inventores Adelson-Velsky e Landis. Numa árvore AVL, as alturas das duas subárvores filhas de qualquer nó diferem no máximo em um. Se, em qualquer altura, diferirem em mais de um, é efectuado um reequilíbrio para restaurar esta propriedade.

Propriedades:

1. **Fator de equilíbrio**: O fator de equilíbrio de um nó é a diferença de altura entre as suas subárvores esquerda e direita.

o Fator de equilíbrio = altura (subárvore esquerda) - altura (subárvore direita)

o Para uma árvore AVL, o fator de equilíbrio tem de ser -1, 0 ou 1.

2. **Rotações**: As rotações são utilizadas para reequilibrar a árvore.

o **Rotação simples para a direita (rotação LL)**

o **Rotação simples para a esquerda (Rotação RR)**

o **Rotação esquerda-direita (Rotação LR)**

o **Rotação direita-esquerda (Rotação RL)**

Inserção:

- A inserção é efectuada de forma semelhante a uma BST normal.
- Após a inserção, a árvore é verificada quanto ao equilíbrio.

- Se a árvore estiver desequilibrada, são efectuadas rotações para restabelecer o equilíbrio.

Supressão:

- A eliminação é efectuada de forma semelhante a uma BST normal.
- Após a eliminação, a árvore é verificada quanto ao seu equilíbrio.
- Se a árvore estiver desequilibrada, são efectuadas rotações para restabelecer o equilíbrio.

Exemplo:

```
classe AVLNode:
def __init__(self, key):
self.key = chave
self.left = Nenhum
self.right = Nenhum
self.height = 1
classe AVLTree:
def insert(self, root, key):
se não for root:
return AVLNode(key)
elif key < root.key:
root.left = self.insert(root.left, key)
e mais:
root.right = self.insert(root.right, key)
root.height = 1 + max(self.get_height(root.left), self.get_height(root.right))
saldo = self.get_balance(root)
#	Estojo esquerdo esquerdo (LL)
se o saldo > 1 e a chave < root.left.key:
return self.right_rotate(root)
#	Caso da Direita Direita (RR)
```

```
se o saldo < -1 e a chave > root.right.key:

return self.left_rotate(root)

#     Caixa esquerda-direita (LR)

se o saldo > 1 e a chave > root.left.key:

root.left = self.left_rotate(root.left)

return self.right_rotate(root)

#     Caixa direita-esquerda (RL)

se saldo < -1 e chave < root.right.key:

root.right = self.right_rotate(root.right)

return self.left_rotate(root)

regressar à raiz

def left_rotate(self, z):

y = z.right

T2 = y.left

y.left = z

z.right = T2

z.height = 1 + max(self.get_height(z.left), self.get_height(z.right))

y.height = 1 + max(self.get_height(y.left), self.get_height(y.right))

retorno y

def right_rotate(self, z):

y = z.left

T3 = y.right

y.right = z

z.left = T3

z.height = 1 + max(self.get_height(z.left), self.get_height(z.right))

y.height = 1 + max(self.get_height(y.left), self.get_height(y.right))
```

```
retorno y
def get_height(self, root):
se não for root:
retorno 0
return root.height
def get_balance(self, root):
se não for root:
return self.get_height(root.left) - self.get_height(root.right)
def pre_order_traversal(self, root):
se não for root:
retorno
print(root.key, end=" ")
self.pre_order_traversal(root.left)
self.pre_order_traversal(root.right)
```

Árvores vermelho-preto

Uma **árvore vermelho-preto** é outro tipo de árvore de pesquisa binária auto-equilibrada. Cada nó de uma árvore vermelho-preto tem um bit extra para armazenar a cor (vermelho ou preto) e segue propriedades específicas para garantir que a árvore permanece equilibrada.

Propriedades:

1. **Cor do nó**: Cada nó é vermelho ou preto.
2. **Propriedade da raiz**: A raiz é sempre preta.
3. **Propriedade vermelha**: Os nós vermelhos não podem ter filhos vermelhos (não há dois nós vermelhos consecutivos).
4. **Propriedade dos nós pretos**: Todos os caminhos de um nó para as suas folhas descendentes têm o mesmo número de nós pretos.
5. **Propriedade da folha**: Todas as folhas (nó NIL) são pretas.

Rotações: À semelhança das árvores AVL, as rotações são utilizadas para manter o equilíbrio.

- **Rotação à esquerda**
- **Rotação à direita**

Inserção:

- Insira o nó semelhante a um BST padrão e pinte-o de vermelho.
- Corrigir quaisquer violações das propriedades vermelho-preto recolorindo e efectuando rotações conforme necessário.

Supressão:

- Eliminar o nó de forma semelhante a uma BST normal.
- Corrigir quaisquer violações das propriedades vermelho-preto recolorindo e efectuando rotações conforme necessário.

Exemplo:

```
classe RBNode:
def __init__(self, key, color='R'):
self.key = chave
self.color = color
self.left = Nenhum
self.right = Nenhum
self.parent = Nenhum
classe RedBlackTree:
def insert(self, root, key):
se a raiz for Nenhum:
return RBNode(key, color='B') # A nova raiz é sempre preta
novo_nó = self._bst_insert(root, key)
self._fix_insert(new_node)
```

```
regressar à raiz

def _bst_insert(self, root, key):

se key < root.key:

se root.left for Nenhum:

raiz.esquerda = RBNode(chave)

raiz.esquerda.pai = raiz

return root.left

e mais:

return self._bst_insert(root.left, key)

e mais:

se root.right for Nenhum:

root.right = RBNode(key)

root.right.parent = root

return root.right

e mais:

return self._bst_insert(root.right, key)

def _fix_insert(self, node):

enquanto nó != raiz e nó.pai.cor == 'R':

se nó.pai == nó.pai.pai.esquerda:

tio = nó.pai.pai.direita

se tio e tio.cor == 'R':

nó.pai.cor = 'B'

uncle.color = 'B'

nó.pai.pai.cor = 'R'

nó = nó.pai.pai

e mais:
```

se nó == nó.pai.direito:

nó = nó.pai

self.left_rotate(node)

nó.pai.cor = 'B'

nó.pai.pai.cor = 'R'

self.right_rotate(node.parent.parent)

e mais:

tio = nó.pai.pai.esquerda

se tio e tio.cor == 'R':

nó.pai.cor = 'B'

uncle.color = 'B'

nó.pai.pai.cor = 'R'

nó = nó.pai.pai

e mais:

se nó == nó.pai.esquerda:

nó = nó.pai

self.right_rotate(node)

nó.pai.cor = 'B'

nó.pai.pai.cor = 'R'

self.left_rotate(node.parent.parent)

root.color = 'B'

def left_rotate(self, x):

y = x.right

x.right = y.left

se y.left:

y.left.parent = x

```
y.parent = x.parent
se não x.parent:
raiz = y
elif x == x.parent.left:
x.parent.left = y
e mais:
x.parent.right = y
y.left = x
x.pai = y
def right_rotate(self, x):
y = x.left
x.left = y.right
se y.right:
y.right.parent = x
y.parent = x.parent
se não x.parent:
raiz = y
elif x == x.parent.right:
x.parent.right = y
e mais:
x.parent.left = y
y.right = x
x.pai = y
```

As árvores equilibradas, como as árvores AVL e as árvores Red-Black, são cruciais para manter um desempenho eficiente em conjuntos dinâmicos em que os elementos são frequentemente inseridos e eliminados. Estas árvores asseguram que a altura permanece logarítmica, proporcionando operações rápidas de pesquisa, inserção e eliminação. A compreensão das suas propriedades, operações e técnicas de reequilíbrio é essencial para a conceção de algoritmos eficientes em informática.

Referências:

Livros

- "Introduction to Algorithms" de Thomas H. Cormen, Charles E. Leiserson, Ronald L. Rivest e Clifford Stein
- "Estruturas de Dados e Algoritmos em Java" por Robert Lafore
- "Algorithms" de Robert Sedgewick e Kevin Wayne
- "Estruturas de Dados e Análise de Algoritmos em C++" de Mark Allen Weiss
- "The Algorithm Design Manual" de Steven S. Skiena

Sítios Web

- GeeksforGeeks (geeksforgeeks.org)
- TutorialsPoint (tutorialspoint.com)
- Coursera (coursera.org)
- Stack Overflow (stackoverflow.com)
- Codecademy (codecademy.com)

2.1Introdução aos gráficos

Um **grafo** é um conjunto de nós, chamados vértices, e de arestas, que são pares de vértices que representam ligações entre os nós. Os grafos são utilizados para modelar relações entre objectos, tais como redes informáticas, redes sociais, sistemas de transporte e muitos outros.

Terminologia chave

1. **Vértice (Nó)**: Uma unidade fundamental a partir da qual os gráficos são formados. Tipicamente representado como um círculo ou um ponto em representações visuais.
2. **Aresta (Link)**: Uma ligação entre dois vértices. Pode ser direcionada (ter uma direção) ou não direcionada.
3. **Adjacente**: Dois vértices são adjacentes se estiverem ligados por uma aresta.
4. **Grau**: O número de arestas ligadas a um vértice. Nos grafos dirigidos, temos o indegree e o out-degree.
5. **Caminho**: Uma sequência de vértices ligados por arestas.
6. **Ciclo**: Um caminho que começa e termina no mesmo vértice.
7. **Gráfico conectado**: Um grafo no qual existe um caminho entre cada par de vértices.
8. **Gráfico desconectado**: Um grafo em que pelo menos um par de vértices não tem um caminho entre eles.
9. **Subgrafo**: Uma parte de um grafo que consiste num subconjunto dos seus vértices e arestas.

Tipos de gráficos

10. **Gráfico não direcionado**: Um grafo em que as arestas não têm direção. Uma aresta (u, v) é idêntica a (v, u).

Exemplo:

A -- B

| / |

| / |

C -- D

11. **Grafo dirigido (Digraph)**: Um grafo em que as arestas têm direcções. Uma aresta (u, v) não é o mesmo que (v, u).

Exemplo:

12. **Gráfico ponderado**: Um gráfico em que as arestas têm pesos, representando o custo, a distância ou qualquer outra relação quantificável.

Exemplo:

A --2-- B

| /3 |

1| / |5

C --4-- D

13. **Gráfico não ponderado**: Um grafo em que as arestas não têm pesos.

14. **Gráfico cíclico**: Um grafo que contém pelo menos um ciclo.

15. **Gráfico acíclico**: Um grafo sem ciclos. Um Grafo **Acíclico Dirigido (DAG)** é um grafo dirigido sem ciclos.

16. **Gráfico completo**: Um grafo em que cada par de vértices está ligado por uma aresta.

Exemplo (grafo completo com 4 vértices):

A -- B

| V |

| Λ |

C -- D

17. **Gráfico bipartido**: Um gráfico cujos vértices podem ser divididos em dois conjuntos disjuntos, de tal forma que cada aresta liga um vértice de um conjunto a um vértice do outro conjunto.

Exemplo:

A C

\ /

B

/ \

D E

Representações de gráficos

1. **Matriz de Adjacência**:

o Uma matriz 2D em que o elemento na linha i e na coluna j representa a presença (e possivelmente o peso) de uma aresta entre os vértices i e j.

o Complexidade espacial: O(V2)O(V^2)O(V2) onde V é o número de vértices.

Exemplo:

Gráfico:

A -- B

| /

C

Matriz de Adjacência:

A B C

A 0 1 1

C 1 1 0

2. **Lista de Adjacência**:

o Um conjunto de listas em que a i-ésima lista contém todos os vértices adjacentes ao i-ésimo vértice.

o Complexidade espacial: O(V+E)O(V + E)O(V+E) onde E é o número de arestas.

Exemplo:

Gráfico:

A -- B

| /

C

Lista de Adjacência:

A: B, C

B: A, C

C: A, B

3. **Lista de arestas**:

o Uma lista de todas as arestas representadas como pares (ou triplas, se ponderadas) de vértices.

o Útil para algoritmos que requerem operações centradas nas extremidades.

Exemplo:

Gráfico:

A -- B

| /

Lista de arestas:

(A, B)

(A, C)

(B, C)

Algoritmos de travessia de grafos

1. **Pesquisa em profundidade (DFS)**:

o Explora o mais possível ao longo de cada ramo antes de voltar atrás.

o Utiliza uma pilha (implícita através de recursão ou explícita).

def dfs(graph, start):

visitado = set()

pilha = [início]

enquanto a pilha:

```
vértice = stack.pop()
se o vértice não estiver no sítio visitado:
visitado.add(vértice)
stack.extend(set(graph[vertex]) - visited)
voltar visitado
```

2. **Pesquisa de largura de banda (BFS)**:

   - Explora todos os vizinhos na profundidade atual antes de passar para os nós no nível de profundidade seguinte.
   - Utiliza uma fila de espera.

```
from colecções import deque
def bfs(graph, start):
visitado = set()
fila = deque([início])
enquanto a fila:
vértice = fila.popleft()
se o vértice não estiver no sítio visitado:
visitado.add(vértice)
queue.extend(set(graph[vertex]) - visited)
voltar visitado
```

Aplicações de gráficos

1. **Redes sociais**: Modelação de relações entre pessoas.
2. **Redes de computadores**: Representação de ligações entre computadores e routers.
3. **Redes de transportes**: Mapeamento de rotas e ligações entre cidades ou estações.
4. **Programação**: Utilização de gráficos acíclicos dirigidos (DAGs) para o agendamento de tarefas na gestão de projectos.
5. **Rastreio da Web**: A Web pode ser representada como um grafo em que as páginas são

vértices e as ligações são arestas.

6. **Procura de caminhos**: Algoritmos como o de Dijkstra e o A* são utilizados para encontrar o caminho mais curto em grafos ponderados.

Os grafos são uma forma poderosa e flexível de representar relações e ligações entre objectos. Compreender os vários tipos de grafos, as suas representações e os algoritmos de travessia é fundamental para resolver muitos problemas complexos em informática e áreas afins.

2.2Representações de Grafos (Matriz de Adjacência, Lista de Adjacência)

Os grafos podem ser representados de várias formas para facilitar diferentes operações e implementações algorítmicas. As representações mais comuns são a **Matriz de Adjacência** e a **Lista de Adjacência**.

1. Matriz de Adjacência

Uma matriz de adjacência é uma matriz 2D (ou matriz) utilizada para representar um grafo. O elemento na linha iii e na coluna jjj indica se existe uma aresta do vértice iii para o vértice jjj.

Propriedades:

- Adequado para grafos densos em que o número de arestas EEE é próximo do quadrado do número de vértices VVV (E-V2E \approx V^2E~V2).
- Permite uma pesquisa rápida para verificar se existe uma aresta entre dois vértices (complexidade temporal constante O(1)O(1)O(1)).
- Complexidade espacial: O(V2)O(V^2)O(V2).

Exemplo: Considere um gráfico:

A -- B

| / |

C -- D

Vértices: A, B, C, D.

Representação da matriz de adjacência:

A B C D

A [0, 1, 1, 0]

B [1, 0, 1, 1]

C [1, 1, 0, 1]

D [0, 1, 1, 0]

- Se o grafo for direcionado, uma aresta de iii para jjj é representada como 111 na matriz[i][j]matriz[i][j]matriz[i][j] mas não necessariamente na matriz[j][i]matriz[j][i]matriz[j][i].
- Se o grafo for ponderado, a matriz pode armazenar o peso em vez de 111.

Implementação Python:

```
classe GraphAdjMatrix:
def __init__(self, vertices):
self.V = vértices
self.graph = [[0] * vértices for _ in range(vértices)]
def add_edge(self, u, v, weight=1):
self.graph[u][v] = peso
self.graph[v][u] = peso # Para grafo não direcionado
def remove_edge(self, u, v):
self.graph[u][v] = 0
self.graph[v][u] = 0 # Para grafo não direcionado
def display(self):
para linha em self.graph:
imprimir(linha)
# Exemplo de utilização:
g = GraphAdjMatrix(4)
g.add_edge(0, 1)
g.add_edge(0, 2)
```

```
g.add_edge(1, 2)
g.add_edge(1, 3)
g.add_edge(2, 3)
g.display()
```

2. Lista de Adjacência

Uma lista de adjacência é um conjunto de listas utilizado para representar um grafo. Cada lista corresponde a um vértice e contém uma lista de vértices adjacentes (ou vizinhos).

Propriedades:

- Adequado para grafos esparsos em que o número de arestas EEE é muito inferior ao quadrado do número de vértices VVV (E<<V2E << V^2E<<V2).
- Eficiente em termos de espaço, com uma complexidade espacial de O(V+E)O(V + E)O(V+E).
- Permite uma iteração eficiente sobre vértices adjacentes.

Exemplo: Considere o mesmo gráfico:

```
A -- B
| / |
C -- D
```

Vértices: A, B, C, D.

Representação da lista de adjacência:

A: B, C

B: A, C, D

C: A, B, D

D: B, C

Implementação Python:

```
from colecções import defaultdict
classe GraphAdjList:
```

```
def __init__(self):
self.graph = defaultdict(list)
def add_edge(self, u, v):
self.graph[u].append(v)
self.graph[v].append(u) # Para grafo não direcionado
def remove_edge(self, u, v):
self.graph[u].remove(v)
self.graph[v].remove(u) # Para grafo não direcionado
def display(self):
para vértice, arestas em self.graph.items():
print(f"{vértice}: {', '.join(map(str, edges))}")
# Exemplo de utilização:
g = GraphAdjList()
g.add_edge(0, 1)
g.add_edge(0, 2)
g.add_edge(1, 2)
g.add_edge(1, 3)
g.add_edge(2, 3)
g.display()
```

Comparação

Imóveis	**Matriz de Adjacência**	**Lista de Adjacência**
Complexidade espacial	O(V2)O(V^2)O(V2)	O(V+E)O(V + E)O(V+E)
Verificação da existência de arestas	O(1)O(1)O(1)	O(E/V)O(E/V)O(E/V)
Iteração sobre vizinhos	O(V)O(V)O(V)	O(E/V)O(E/V)O(E/V)

Propriedade **Matriz de Adjacência Lista de Adjacência**

Melhor caso de utilização Gráficos densos Gráficos esparsos

Facilidade de implementação Fácil Moderada

Modificações dinâmicas do grafo Custo elevado (reafectação) Eficiência (operações de lista)

Tanto as matrizes de adjacência como as listas de adjacência têm as suas vantagens e desvantagens. A escolha entre elas depende dos requisitos específicos da aplicação, tais como a densidade do grafo, as operações a efetuar e considerações de eficiência de espaço.

Referências:

Livros

- "Introduction to Algorithms" de Thomas H. Cormen, Charles E. Leiserson, Ronald L. Rivest e Clifford Stein
- "Estruturas de Dados e Algoritmos em Java" por Robert Lafore
- "Algorithms" de Robert Sedgewick e Kevin Wayne
- "Estruturas de Dados e Análise de Algoritmos em C++" de Mark Allen Weiss
- "The Algorithm Design Manual" de Steven S. Skiena

Sítios Web

- GeeksforGeeks (geeksforgeeks.org)
- TutorialsPoint (tutorialspoint.com)
- Coursera (coursera.org)
- Stack Overflow (stackoverflow.com)
- Codecademy (codecademy.com)

3.1Introdução ao Hashing

O hashing é uma técnica utilizada para identificar de forma única um item específico a partir de uma coleção de itens semelhantes. É amplamente utilizada em várias aplicações, como a recuperação de dados, a criptografia e a indexação em bases de dados. O hashing envolve a utilização de uma função hash para converter uma entrada (ou "chave") numa cadeia de bytes de tamanho fixo, que é normalmente um código hash. Este código hash pode então ser utilizado como um índice numa tabela hash para localizar rapidamente o item desejado.

Conceitos-chave

1. **Função Hash**:

o Uma função que recebe uma entrada (ou chave) e devolve uma cadeia de bytes de tamanho fixo.

o O resultado, conhecido como valor hash ou código hash, deve ser idealmente único para diferentes entradas.

2. **Tabela de Hash**:

o Uma estrutura de dados que implementa uma matriz associativa, uma estrutura que pode mapear chaves para valores.

o Utiliza uma matriz e uma função hash para armazenar e recuperar valores de forma eficiente.

3. **Colisão**:

o Ocorre quando duas entradas diferentes produzem o mesmo valor de hash.

o Uma boa função hash minimiza o número de colisões.

4. **Fator de carga**:

o A relação entre o número de elementos na tabela de hash e o tamanho da tabela de hash.

o Um fator de carga elevado indica que a tabela de hash está a ficar cheia e pode necessitar de ser redimensionada para manter a eficiência.

Propriedades de uma boa função de hash

1. **Determinístico**: A mesma entrada deve produzir sempre o mesmo valor de hash.
2. **Computação rápida**: O hash de uma chave deve ser computacionalmente eficiente.
3. **Distribuição uniforme**: Os valores de hash devem ser distribuídos uniformemente para minimizar colisões.
4. **Minimizar colisões**: O ideal é que chaves diferentes produzam valores de hash diferentes.

Técnicas de hashing

1. **Método de divisão**:

o Função de hash: h(k)=kmod mh(k) = k \mod mh(k)=kmodm

o kkk é a chave e mmm é o tamanho da tabela de hash (de preferência um número primo).

2. **Método de multiplicação**:

o Função de hash: h(k)=|m(kAmod 1)Jh(k) = \lfloor m (k A \mod 1) \rfloorh(k)=|m(kAmod1)j

o kkk é a chave, mmm é o tamanho da tabela de hash e AAA é uma constante (0 < A < 1).

3. **Hashing universal**:

o Utiliza uma família de funções hash e seleciona aleatoriamente uma delas para reduzir a probabilidade de colisões.

Técnicas de resolução de colisões

1. **Encadeamento**:

o Cada balde da tabela de hash aponta para uma lista ligada de entradas que mapeiam para o mesmo valor de hash.

o Simples de implementar e lida com um número dinâmico de elementos.

classe HashTableChaining:

def __init__(self, size):

self.size = tamanho

```
self.table = [[] for _ in range(size)]
def hash_function(self, key):
return key % self.size
def insert(self, key, value):
hash_key = self.hash_function(key)
self.table[hash_key].append((key, value))
def search(self, key):
hash_key = self.hash_function(key)
for k, v in self.table[hash_key]:
se k == chave:
retornar v
devolver Nenhum
```

2. **Endereçamento aberto**:

  - Todos os elementos são armazenados na própria tabela de hash.
  - Utiliza a sondagem para encontrar a próxima ranhura disponível.

Sondagem linear: Verifica sequencialmente a ranhura seguinte.

- h(k,i)=(h(k)+i)mod mh(k, i) = (h(k) + i) \mod

mh(k,i)=(h(k)+i)modm

Sondagem quadrática: Utiliza uma função quadrática para calcular a próxima ranhura.

- h(k,i)=(h(k)+c1i+c2i2)mod mh(k, i) = (h(k) + c_1 i + c_2 i(^)2) \mod

mh(k,i)=(h(k)+c1i+c2i2)modm

Double Hashing: Utiliza uma segunda função hash para calcular o intervalo entre sondas.

- h(k,i)=(h1(k)+ih2(k))mod mh(k, i) = (h_1(k) + i h_2(k)) \mod

mh(k,i)=(h1(k)+ih2(k))modm

```
classe HashTableOpenAddressing:
def __init__(self, size):
```

```
self.size = tamanho
self.table = [None] * size def hash_function(self, key):
return key % self.size
def insert(self, key, value):
hash_key = self.hash_function(key)
se self.table[hash_key] for None:
self.table[hash_key] = (key, value)
e mais:
for i in range(self.size):
novo_hash = (hash_key + i) % self.size
se self.table[new_hash] for None:
self.table[new_hash] = (key, value)
pausa
def search(self, key):
hash_key = self.hash_function(key)
se self.table[hash_key] e self.table[hash_key][0] == key:
return self.table[hash_key][1]
senão:
for i in range(self.size):
novo_hash = (hash_key + i) % self.size
se self.table[new_hash] e self.table[new_hash][0] == key:
return self.table[new_hash][1]
devolver Nenhum
```

Aplicações de Hashing

1. **Armazenamento e recuperação de dados**: Armazenamento e recuperação de dados de forma eficiente, como em mapas de hash e dicionários.

2. **Indexação de bases de dados**: Acesso rápido aos dados utilizando índices hash.

3. **Criptografia**: Dados de hashing de forma segura para encriptação e verificações de integridade.

4. **Armazenamento em cache**: Aceder rapidamente a dados utilizados com frequência.

5. **Checksum**: Verificação da integridade dos dados através da comparação de valores de hash.

O hashing é uma técnica poderosa que permite a recuperação e o armazenamento eficientes de dados e muitas outras aplicações . Compreender as várias funções de hash, os métodos de resolução de colisões e as suas implementações é essencial para tirar partido de todo o potencial do hashing na informática e no desenvolvimento de software.

3.2Funções de hash

Uma **função de hash** é um componente crucial do hashing que transforma uma entrada (ou chave) numa cadeia de bytes de tamanho fixo, representando normalmente a entrada numa forma compacta. Uma função de hash bem concebida minimiza as colisões e distribui os valores de hash uniformemente.

Propriedades de uma boa função de hash

1. **Determinístico**: O mesmo input deve produzir sempre o mesmo output.

2. **Computação rápida**: Deve ser rápido calcular o valor de hash para qualquer entrada dada.

3. **Distribuição uniforme**: Os valores de hash devem ser distribuídos uniformemente pela tabela de hash para minimizar as colisões.

4. **Minimizar colisões**: O ideal é que entradas diferentes produzam valores de hash diferentes.

5. **Efeito Avalanche**: Uma pequena alteração na entrada deve produzir um valor de hash significativamente diferente.

Funções de hash comuns

1. **Método de divisão**

O método de divisão envolve o cálculo do valor de hash tomando o resto da divisão da chave pelo tamanho da tabela de hash mmm:

h(k)=kmod mh(k) = k \mod mh(k)=kmodm

- **Prós**: Simples de implementar.
- **Contras**: Escolher mal o mmm pode levar a muitas colisões.

Exemplo:

```
def division_hash(key, table_size):
return chave % tamanho_da_tabela
```

2. **Método da multiplicação**

O método de multiplicação utiliza uma constante AAA (em que 0<A<10 < A < 10<A<1), multiplica a chave por AAA e, em seguida, obtém a parte fraccionada do resultado. Esta parte fraccionada é então multiplicada pelo tamanho da tabela mmm e o piso do resultado é obtido:

h(k)=|m(kAmod 1)Jh(k) = \lfloor m (kA \mod 1) \rfloorh(k)=[m(kAmod1)J

- **Prós**: Geralmente produz valores de hash mais bem distribuídos.
- **Contras**: Requer uma escolha cuidadosa da constante AAA.

Exemplo:

```
def multiplication_hash(key, table_size, A=0.6180339887): # A é frequentemente (sqrt(5) - 1)
/ 2
return int(tamanho_da_tabela * ((chave * A) % 1))
```

3. **Agrupamento universal**

O hashing universal seleciona aleatoriamente uma função hash de uma família de funções hash para reduzir a probabilidade de colisões. Uma família de funções de hash HHH é universal se, para quaisquer duas chaves distintas xxx e yyy, o número de funções de hash HGHH \EM HheH para as quais h(x)=h(y)h(x) = h(y)h(x)=h(y) é limitado.

Exemplo:

```
importar aleatório

classe UniversalHash:

def __init__(self, size, p=109345121): # p é um número primo maior que a chave máxima

self.size = tamanho

self.p = p

self.a = random.randint(1, p - 1)

self.b = random.randint(0, p - 1)

def hash(self, key):

return ((auto.a * chave + auto.b) % auto.p) % auto.tamanho
```

4. **Funções de hash criptográficas**

As funções de hash criptográficas, como MD5, SHA-1 e SHA-256, foram concebidas para serem seguras e resistentes a colisões. São frequentemente utilizadas em aplicações criptográficas em vez de tabelas de hash devido à sua complexidade computacional.

Exemplo usando a hashlib do Python:

```
importar hashlib

def cryptographic_hash(key):

return hashlib.sha256(key.encode()).hexdigest()
```

Exemplo de implementações de funções de hash

1. **Função de hash simples**

Uma função hash simples para strings baseada em valores de caracteres:

pitão

Copiar código

```
def simple_string_hash(s, table_size):

valor_do_hash = 0

para char em s:

valor_do_hash += ord(char)
```

```
return hash_value % table_size
```

2. **Função de hash de rolagem polinomial**

Uma função hash de rolamento polinomial, frequentemente utilizada em algoritmos de correspondência de cadeias de caracteres:

```
def polynomial_rolling_hash(s, table_size, p=31, m=1e9+9):
valor_do_hash = 0
p_pow = 1
para char em s:
valor_hash = (valor_hash + (ord(char) - ord('a') + 1) * p_pow) % m
p_pow = (p_pow * p) % m
return int(valor_do_hash % tamanho_da_tabela)
```

Aplicações das funções de hash

1. **Estruturas de dados**: Tabelas de hash, mapas de hash e dicionários para recuperação eficiente de dados.
2. **Criptografia**: Garantir a integridade e a segurança dos dados (por exemplo, assinaturas digitais, hashing de palavras-passe).
3. **Checksums**: Verificação da integridade dos dados no armazenamento e transmissão de ficheiros.
4. **Balanceamento de carga**: Distribuição de tarefas entre servidores em sistemas distribuídos.
5. **Armazenamento em cache**: Aceder rapidamente a dados utilizados com frequência.

As funções de hash são fundamentais para muitas aplicações em informática, proporcionando meios eficientes de recuperação, armazenamento e segurança de dados. Compreender as propriedades e implementações de várias funções de hash é crucial para tirar partido dos seus benefícios em diferentes contextos.

3.3Técnicas de resolução de colisões (encadeamento, endereçamento aberto)

Ao utilizar tabelas de hash, podem ocorrer colisões quando duas chaves produzem o mesmo valor de hash. Técnicas eficazes de resolução de colisões são essenciais para manter a eficiência das tabelas de hash. As duas principais técnicas são o **encadeamento** e **o endereçamento aberto**.

1. Encadeamento

O encadeamento lida com colisões usando uma estrutura de dados (como uma lista ligada) para armazenar todos os elementos que fazem hash para o mesmo slot. Cada slot na tabela de hash aponta para uma lista ligada de entradas que mapeiam para o mesmo valor de hash.

Vantagens:

- Simples de implementar.
- Pode tratar um número ilimitado de elementos, alargando a lista ligada.

Desvantagens:

- O desempenho diminui se muitos elementos forem colocados em hash na mesma ranhura, dando origem a listas ligadas longas.
- Requer memória adicional para os ponteiros nas listas ligadas.

Implementação: class HashTableChaining:

```
def __init__(self, size):
self.size = tamanho
self.table = [[] for _ in range(size)]
def hash_function(self, key):
return key % self.size
def insert(self, key, value):
hash_key = self.hash_function(key)
for pair in self.table[hash_key]:
se par[0] == chave:
```

```
pair[1] = value # Actualiza o valor se a chave já existir return

self.table[hash_key].append([key, value])

def search(self, key):

hash_key = self.hash_function(key)

for pair in self.table[hash_key]:

se par[0] == chave:

devolver par[1]

devolver Nenhum

def delete(self, key):

hash_key = self.hash_function(key)

for pair in self.table[hash_key]:

se par[0] == chave:

self.table[hash_key].remove(pair)

retornar Verdadeiro

return False

def display(self):

for index, bucket in enumerate(self.table):

print(f "Índice {index}: {bucket}")

# Exemplo de utilização:

hash_table = HashTableChaining(10)

hash_table.insert(10, 'A')

hash_table.insert(20, 'B')

hash_table.insert(15, 'C')

hash_table.insert(25, 'D')

hash_table.display()

print("Chave de pesquisa 15:", hash_table.search(15))
```

print("Eliminar a chave 20:", hash_table.delete(20)) hash_table.display()

2. Endereçamento aberto

O endereçamento aberto lida com colisões encontrando outro slot aberto dentro da tabela de hash. As estratégias mais comuns para o endereçamento aberto são o **Linear Probing, o Quadratic Probing** e **o Double Hashing**.

a. Sondagem linear

A sondagem linear procura sequencialmente a próxima ranhura disponível.

Função Hash:

h(k,i)=(h(k)+i)mod mh(k, i) = (h(k) + i) \mod mh(k,i)=(h(k)+i)modm

Vantagens:

- Simples de implementar.
- Favorável à cache devido ao acesso sequencial.

Desvantagens:

- Agrupamento primário: Os grupos de ranhuras preenchidas podem acumular-se, conduzindo a sequências de sondas mais longas.

Implementação:

```
classe HashTableLinearProbing:
def __init__(self, size):
self.size = tamanho
self.table = [Nenhum] * tamanho
def hash_function(self, key):
return key % self.size
def insert(self, key, value):
hash_key = self.hash_function(key)
for i in range(self.size):
novo_hash = (hash_key + i) % self.size
```

```
se self.table[new_hash] for None ou self.table[new_hash][0] == key:
self.table[new_hash] = (key, value)
retorno
raise Exception("A tabela de controlo está cheia")
def search(self, key):
hash_key = self.hash_function(key)
for i in range(self.size):
novo_hash = (hash_key + i) % self.size
se self.table[new_hash] for None:
devolver Nenhum
se self.table[new_hash][0] == key:
return self.table[new_hash][1]
devolver Nenhum
def delete(self, key):
hash_key = self.hash_function(key)
for i in range(self.size):
novo_hash = (hash_key + i) % self.size
se self.table[new_hash] for None:
return False
se self.table[new_hash][0] == key:
self.table[new_hash] = Nenhum
retornar Verdadeiro
return False
def display(self):
for index, item in enumerate(self.table):
print(f "Índice {index}: {item}")
```

```
# Exemplo de utilização:
hash_table = HashTableLinearProbing(10)
hash_table.insert(10, 'A')
hash_table.insert(20, 'B')
hash_table.insert(15, 'C')
hash_table.insert(25, 'D')
hash_table.display()
print("Procurar chave 15:", hash_table.search(15)) print("Eliminar chave 20:",
hash_table.delete(20))
hash_table.display()
```

b. Sondagem quadrática

A sondagem quadrática utiliza uma função quadrática para encontrar a ranhura seguinte.

Função Hash:

h(k,i)=(h(k)+c1i+c2i2)mod mh(k, i) = (h(k) + c_1 i + c_2 i(Λ)2) \mod mh(k,i)=(h(k)+c1i+c2 i2)modm

Vantagens:

- Reduz o agrupamento primário em comparação com a sondagem linear.

Desvantagens:

- Agrupamento secundário: Várias chaves podem seguir a mesma sequência de sonda.

Implementação:

```
classe HashTableQuadraticProbing:
def __init__(self, size):
self.size = tamanho
self.table = [Nenhum] * tamanho
def hash_function(self, key):
return key % self.size
```

```
def insert(self, key, value):

hash_key = self.hash_function(key)

for i in range(self.size):

novo_hash = (hash_key + i**2) % self.size

se self.table[new_hash] for None ou self.table[new_hash][0] == key:

self.table[new_hash] = (key, value)

retorno

raise Exception("A tabela de controlo está cheia")

def search(self, key):

hash_key = self.hash_function(key)

for i in range(self.size):

novo_hash = (hash_key + i**2) % self.size

se self.table[new_hash] for None:

devolver Nenhum

se self.table[new_hash][0] == key:

return self.table[new_hash][1]

devolver Nenhum

def delete(self, key):

hash_key = self.hash_function(key)

for i in range(self.size):

novo_hash = (hash_key + i**2) % self.size

se self.table[new_hash] for None:

retorno Falso

se self.table[new_hash][0] == key:

self.table[new_hash] = Nenhum

retornar Verdadeiro
```

```
retorno Falso
def display(self):
for index, item in enumerate(self.table):
print(f "Índice {index}: {item}")
# Exemplo de utilização:
hash_table = HashTableQuadraticProbing(10)
hash_table.insert(10, 'A')
hash_table.insert(20, 'B')
hash_table.insert(15, 'C')
hash_table.insert(25, 'D')
hash_table.display()
print("Chave de pesquisa 15:", hash_table.search(15))
print("Eliminar a chave 20:", hash_table.delete(20))
hash_table.display()
```

c. Duplo hashing

O hashing duplo utiliza uma segunda função de hash para calcular o intervalo entre sondas.

Função de hash: h(k,i)=(h1(k)+i-h2(k))mod mh(k, i) = (h_1(k) + i \cdot h_2(k)) \mod

mh(k,i)=(h1(k)+i-h2 (k))modm

Vantagens:

- Reduz o agrupamento primário e secundário.
- Proporciona uma distribuição mais uniforme das sequências de sondas.

Desvantagens:

- Requer duas boas funções de hash.

Implementação:

```
classe HashTableDoubleHashing:
def __init__(self, size):
```

```
self.size = tamanho
self.table = [Nenhum] * tamanho
def hash_function1(self, key):
return key % self.size
def hash_function2(self, key):
return 1 + (key % (self.size - 1))
def insert(self, key, value):
hash_key = self.hash_function1(key)
tamanho_do_passo = self.hash_function2(chave)
for i in range(self.size):
new_hash = (hash_key + i * step_size) % self.size if self.table[new_hash] is None or
self.table[new_hash][0] == key:
self.table[new_hash] = (key, value)
retorno
raise Exception("A tabela de controlo está cheia")
def search(self, key):
hash_key = self.hash_function1(key)
tamanho_do_passo = self.hash_function2(chave)
for i in range(self.size):
novo_hash = (hash_key + i * step_size) % self.size
se self.table[new_hash] for None:
devolver Nenhum
se self.table[new_hash][0] == key:
return self.table[new_hash][1]
devolver Nenhum
def delete(self, key):
```

```
hash_key = self.hash_function1(key)
tamanho_do_passo = self.hash_function2(chave)
for i in range(self.size):
novo_hash = (hash_key + i * step_size) % self.size
se self.table[new_hash] for None:
return False
se self.table[new_hash][0] == key:
self.table[new_hash] = Nenhum
retornar Verdadeiro
return False
def display(self):
for index, item in enumerate(self.table):
print(f "Índice {index}: {item}")
# Exemplo de utilização:
hash_table = HashTableDoubleHashing(10)
hash_table.insert(10, 'A')
hash_table.insert(20, 'B')
hash_table.insert(15, 'C')
hash_table.insert(25, 'D')
hash_table.display()
print("Chave de pesquisa 15:", hash_table.search(15))
print("Eliminar a chave 20:", hash_table.delete(20))
hash_table.display()
```

A escolha da técnica de resolução de colisões adequada depende dos requisitos e restrições específicos da sua aplicação. O encadeamento é muitas vezes mais simples de implementar e pode tratar um número ilimitado de elementos, enquanto as técnicas de endereçamento aberto, como a sondagem linear, a sondagem quadrática e o hashing duplo, oferecem diferentes soluções de compromisso entre simplicidade, utilização de memória e desempenho.

Referências:

Livros

- "Introduction to Algorithms" de Thomas H. Cormen, Charles E. Leiserson, Ronald L. Rivest e Clifford Stein
- "Estruturas de Dados e Algoritmos em Java" por Robert Lafore
- "Algorithms" de Robert Sedgewick e Kevin Wayne
- "Estruturas de Dados e Análise de Algoritmos em C++" de Mark Allen Weiss
- "The Algorithm Design Manual" de Steven S. Skiena

Sítios Web

- GeeksforGeeks (geeksforgeeks.org)
- TutorialsPoint (tutorialspoint.com)
- Coursera (coursera.org)
- Stack Overflow (stackoverflow.com)
- Codecademy (codecademy.com)

Capítulo: 4 Estruturas de dados avançadas

4.1Heaps (Heaps Binários, Filas de Prioridade)

Os heaps são um tipo de estrutura de dados baseada em árvores binárias que satisfazem a propriedade heap. São normalmente utilizadas para implementar filas de prioridades e são eficientes para operações que exigem que o elemento de prioridade mais elevada (ou mais baixa) seja rapidamente acessível.

1. Montes binários

As pilhas binárias são árvores binárias completas em que cada nó pai tem um valor inferior ou igual (pilha mínima) ou superior ou igual (pilha máxima) aos valores dos seus filhos. Esta disposição garante que o nó raiz representa sempre o elemento de maior (ou menor) prioridade na pilha.

Propriedades:

- **Propriedade da forma**: Uma pilha binária é uma árvore binária completa, o que significa que todos os níveis estão totalmente preenchidos, exceto possivelmente o último nível, que está preenchido da esquerda para a direita.
- **Propriedade da pilha**: Para um **heap mínimo**, cada nó pai é menor ou igual aos seus nós filhos. Para uma **pilha máxima**, cada nó pai é maior ou igual aos seus nós filhos.

Operações em Heaps Binários

1. **Inserção**: Adicionar um novo elemento mantendo a propriedade de heap.
2. **Eliminação**: Remoção do elemento raiz (prioridade mais alta ou mais baixa), mantendo a propriedade heap.
3. **Heapify**: Assegurar que a propriedade heap é mantida depois de um elemento ser inserido ou eliminado.

Implementações de Heap Binário

Exemplo de implementação Python (Min Heap utilizando uma lista):

classe MinHeap:

```
def __init__(self):
self.heap = []
def parent(self, i):
return (i - 1) // 2
def insert(self, key):
self.heap.append(key)
self.heapify_up(len(self.heap) - 1)
def heapify_up(self, i):
while i > 0 and self.heap[self.parent(i)] > self.heap[i]:
self.heap[self.parent(i)], self.heap[i] = self.heap[i], self.heap[self.parent(i)]
i = self.parent(i)
def extract_min(self):
se len(self.heap) == 0:
devolver Nenhum
valor_mínimo = self.heap[0]
último_valor = self.heap.pop()
se len(self.heap) > 0:
self.heap[0] = último_valor
self.heapify_down(0)
return min_value
def heapify_down(self, i):
esquerda = 2 * i + 1
direita = 2 * i + 2
mais pequeno = i
if left < len(self.heap) and self.heap[left] < self.heap[smallest]: smallest = left
if right < len(self.heap) and self.heap[right] < self.heap[smallest]: smallest = right
```

```
se o mais pequeno != i:
self.heap[i], self.heap[smallest] = self.heap[smallest], self.heap[i]
self.heapify_down(smallest)
def get_min(self):
return self.heap[0] if len(self.heap) > 0 else None
# Exemplo de utilização:
heap = MinHeap()
heap.insert(3)
heap.insert(2)
heap.insert(1)
heap.insert(7)
print("Elemento mínimo:", heap.extract_min()) # Saídas: 1
print("Elemento mínimo:", heap.extract_min()) # Saídas: 2
```

2. Filas de espera prioritárias

As filas prioritárias são tipos de dados abstractos que funcionam como filas ou pilhas normais, mas cada elemento tem uma prioridade associada. Os elementos com prioridade mais elevada são retirados da fila antes dos elementos com prioridade mais baixa, independentemente da ordem em que foram adicionados.

Operações em filas de espera prioritárias

1. **Inserção**: Adicionar um elemento com uma prioridade.
2. **Eliminação**: Remoção do elemento com a prioridade mais elevada.
3. **Espreitar**: Ver o elemento com a prioridade mais elevada sem o remover.

Implementações de filas de espera prioritárias

As filas de espera prioritárias podem ser implementadas utilizando várias estruturas de dados, sendo os heaps binários uma das escolhas mais eficientes devido à sua complexidade de tempo logarítmica para as operações de inserção e eliminação.

Exemplo de implementação em Python (fila de espera prioritária utilizando heapq):

```
importar heapq
classe PriorityQueue:
def __init__(self):
self.heap = []
def insert(self, priority, value):
heapq.heappush(self.heap, (priority, value))
def extract_min(self):
return heapq.heappop(self.heap)[1]
def peek(self):
return self.heap[0][1] # Exemplo de utilização:
pq = PriorityQueue()
pq.insert(3, "Tarefa 1")
pq.insert(1, "Tarefa 2")
pq.insert(2, 'Tarefa 3')
print("Próxima tarefa:", pq.extract_min()) # Saídas: Tarefa 2
print("Próxima tarefa:", pq.extract_min()) # Saídas: Tarefa 3
```

Os heaps, nomeadamente os heaps binários, são estruturas de dados poderosas para gerir eficientemente as filas de espera prioritárias. Proporcionam uma complexidade de tempo logarítmica para operações básicas como a inserção, a eliminação e a extração do elemento de prioridade mais elevada. Compreender e implementar heaps binários é crucial para aplicações que requerem um processamento eficiente baseado em prioridades.

4.2Trie

Uma **Trie**, também conhecida como árvore de prefixos, é uma estrutura de dados em forma de árvore que armazena um conjunto dinâmico de cadeias de caracteres em que cada nó representa um único carácter da cadeia. As estruturas de dados Trie são eficientes para tarefas que envolvem pesquisas baseadas em prefixos e são normalmente utilizadas em aplicações como sistemas de autocompletar e implementações de dicionários.

Estrutura de uma Trie

Numa Trie:

- Cada nó representa um carácter.
- Os nós estão ligados por arestas que representam ligações de caracteres.
- O nó raiz representa normalmente uma cadeia vazia ou um carácter nulo.

Caraterísticas principais

1. **Raiz**: O nó mais alto da Trie, que representa uma cadeia vazia ou um carácter nulo.
2. **Arestas**: Ligações entre nós que representam caracteres de cadeias de caracteres inseridas.
3. **Nós**: Cada nó contém:

o Um valor de carácter.

o Ponteiros ou referências a nós filhos (normalmente uma matriz ou um hashmap).

Operações numa Trie

1. **Inserir**: Insere uma cadeia de caracteres na Trie, criando nós para cada carácter, se ainda não existirem.
2. **Pesquisa**: Verifica se uma cadeia de caracteres existe na Trie, percorrendo os nós correspondentes a cada carácter da cadeia.
3. **Excluir**: Remove uma cadeia de caracteres da Trie, marcando os nós como eliminados ou removendo-os se não tiverem outros filhos.
4. **Pesquisa de Prefixo**: Recupera todas as cadeias de caracteres na Trie que começam com um determinado prefixo.

Exemplo de implementação de uma Trie

Aqui está uma implementação básica de uma Trie em Python:

classe TrieNode:

```
def __init__(self):
self.children = {}
self.is_end_of_word = False class Trie:
def __init__(self):
self.root = TrieNode()
def insert(self, word):
atual = self.root
para char in word:
se char não está em current.children:
atual.children[char] = TrieNode()
atual = atual.filhos[char]
current.is_end_of_word = True
def search(self, word):
atual = self.root
para char in word:
se char não está em current.children:
return False
atual = atual.filhos[char]
return current.is_end_of_word
def starts_with(self, prefix):
atual = self.root
para char em prefixo:
se char não está em current.children:
return False
atual = atual.filhos[char]
retornar Verdadeiro
```

```
# Exemplo de utilização:
trie = Trie()
trie.insert("apple")
trie.insert("app")
trie.insert("application")
print(trie.search("apple")) # Saídas: Verdadeiro
print(trie.search("app")) # Saídas: Verdadeiro
print(trie.search("application")) # Saídas: Verdadeiro
print(trie.search("apples")) # Saídas: Falso
print(trie.starts_with("app")) # Saídas: Verdadeiro
print(trie.starts_with("apps")) # Saídas: Falso
```

Aplicações de Tries

1. **Sistemas de autocompletar**: Recuperar rapidamente palavras com base numa entrada parcial.
2. **Corretores ortográficos**: Verifique eficazmente se as palavras estão corretamente escritas.
3. **Correspondência de prefixos**: Encontre todas as palavras que começam com um determinado prefixo.
4. **Tabelas de roteamento**: Utilizadas no encaminhamento IP para encontrar eficientemente as correspondências de prefixo mais longas.

Vantagens das tentativas

- **Eficiência da pesquisa de prefixos**: A pesquisa de cadeias de caracteres com base em prefixos é muito eficiente.
- **Eficiência de espaço**: Tenta armazenar apenas os caracteres necessários uma vez por cadeia, o que permite poupar espaço em comparação com outras estruturas de dados para determinados casos de utilização.

- **Inserção flexível de teclas**: Insira e elimine facilmente chaves sem reorganizar toda a estrutura.

Limitações das tentativas

- **Complexidade de espaço**: Pode consumir muita memória se armazenar grandes conjuntos de cadeias de caracteres, especialmente com muitos prefixos comuns.
- **Complexidade**: A implementação e gestão de Tries pode ser mais complexa do que estruturas de dados mais simples, como arrays ou tabelas de hash, para algumas aplicações.

4.3Árvore de segmentos

Uma **Árvore de Segmentos** é uma estrutura de dados versátil que permite uma consulta e atualização eficientes dos elementos de uma matriz, particularmente útil para problemas que envolvem consultas de intervalo (consultas que pedem informações agregadas sobre um intervalo de índices de matriz).

Estrutura de uma árvore de segmentos

Numa árvore de segmentos:

- **Nós**: Cada nó da árvore representa um segmento (ou subintervalo) da matriz.
- **Folhas**: Correspondem a elementos individuais da matriz.
- **Nós internos**: Representam informações agregadas (como soma, mínimo, máximo, etc.) dos seus nós filhos.

Caraterísticas principais

1. **Construção**: Construído em tempo de complexidade O(n)O(n)O(n), em que nnn é o número de elementos da matriz.
2. **Consulta**: As consultas de intervalos podem ser efectuadas em tempo de complexidade O(log.-! n)O("log n)O(logn).
3. **Atualização**: As actualizações dos elementos da matriz também podem ser efectuadas em tempo de complexidade O(log.-! n)O("log n)O(logn).

Operações em uma árvore de segmentos

1. **Construir**: Construindo a árvore de segmentos a partir de uma matriz de entrada.
2. **Consulta**: Recuperação de informações agregadas (como soma, mínimo, máximo, etc.) sobre um intervalo específico de índices.
3. **Atualização**: Modificar o valor de um elemento na matriz e ajustar a árvore de segmentos em conformidade.

Exemplo de implementação de uma árvore de segmentos

Aqui está uma implementação básica de uma Árvore de Segmentos em Python para consultas de soma de intervalos:

```
classe SegmentTree:
def __init__(self, nums):
self.n = len(nums)
self.tree = [0] * (2 * self.n)
self.build(nums)
def build(self, nums):
#    Construir a árvore de segmentos
#    Inicializar folhas na segunda metade da árvore
para i em range(self.n):
self.tree[self.n + i] = nums[i]
#    Construir o resto da árvore calculando os nós pais
for i in range(self.n - 1, 0, -1):
self.tree[i] = self.tree[2 * i] + self.tree[2 * i + 1]
def update(self, index, value):
#    Atualizar o valor no índice para "valor" e atualizar os pais correspondentes
índice += self.n
self.tree[índice] = valor
```

```
enquanto o índice > 1:
índice //= 2
auto.árvore[índice] = auto.árvore[2 * índice] + auto.árvore[2 * índice + 1]
def query(self, left, right):
#    Devolver a soma dos elementos do índice "esquerdo" ao "direito
esquerda += self.n
direita += self.n + 1
valor_soma = 0
enquanto esquerda < direita:
se esquerda % 2 == 1:
sum_val += self.tree[left]
esquerda += 1
se direita % 2 == 1:
direita -= 1
sum_val += self.tree[right]
esquerda //= 2
direita //= 2
return sum_val
# Exemplo de utilização:
números = [1, 3, 5, 7, 9, 11]
seg_tree = SegmentTree(nums)
print("Soma do índice 1 a 3:", seg_tree.query(1, 3)) # Saídas: 15
seg_tree.update(2, 10) # Actualiza o índice 2 para o valor 10
print("Soma do índice 1 a 3 após atualização:", seg_tree.query(1, 3)) # Saídas: 21
```

Aplicações das árvores de segmentos

1. **Consultas de soma de intervalos**: Calcular a soma de elementos entre dois índices de

forma eficiente.

2. **Consultas de mínimo/máximo de intervalos**: Encontrar o valor mínimo ou máximo num determinado intervalo.

3. **Consultas de atualização de intervalos**: Atualizar elementos num intervalo específico de forma eficiente.

Vantagens das árvores de segmentos

- **Eficiência**: Permite operações de consulta e atualização eficientes com uma complexidade de tempo O(log. -! n)O(\log n)O(logn) de complexidade temporal.
- **Versatilidade**: Pode ser adaptado a vários tipos de consultas e actualizações de intervalos.
- **Facilidade de implementação**: Uma vez construído, é fácil de utilizar para diferentes operações de alcance.

Limitações das árvores de segmentos

- **Complexidade de espaço**: Requer O(4n)O(4n)O(4n) espaço extra para armazenar a estrutura em árvore, o que pode ser significativo para grandes matrizes.
- **Estrutura estática**: Difícil de modificar a estrutura dinamicamente (por exemplo, redimensionar a matriz).

As árvores de segmentos são estruturas de dados poderosas para tratar eficazmente consultas e actualizações de intervalos em matrizes. São amplamente utilizadas na programação competitiva e em aplicações que envolvem computações em subarrays contíguos. A compreensão de como implementar e utilizar Árvores de Segmentos pode aumentar significativamente a eficiência algorítmica para tais tarefas.

Referências:

Livros

- "Introduction to Algorithms" de Thomas H. Cormen, Charles E. Leiserson, Ronald L. Rivest e Clifford Stein

- "Estruturas de Dados e Algoritmos em Java" por Robert Lafore
- "Algorithms" de Robert Sedgewick e Kevin Wayne
- "Estruturas de Dados e Análise de Algoritmos em C++" de Mark Allen Weiss
- "The Algorithm Design Manual" de Steven S. Skiena

Sítios Web

- GeeksforGeeks (geeksforgeeks.org)
- TutorialsPoint (tutorialspoint.com)
- Coursera (coursera.org)
- Stack Overflow (stackoverflow.com)
- Codecademy (codecademy.com)

MIX
Papier aus verantwortungsvollen Quellen
Paper from responsible sources
FSC® C105338

Printed by Books on Demand GmbH, Norderstedt / Germany